LAST NEWS OF MR. NOBODY

Selected Poems

EMMANUEL MOSES

Foreword by Kevin Hart

HANDSEL BOOKS

an imprint of
Other Press • New York

Copyright © 2004 Emmanuel Moses

Production Editor: Robert D. Hack
Interior Design by Kaoru Tamura

This book was set in Stone Serif by Alpha Graphics of Pittsfield, NH.

10 9 8 7 6 5 4 3 2 1

Library of Congress Cataloging-in-Publication Data

Moses, Emmanuel, 1960–
  [Poems. Selections. English]
  Last news of Mr. Nobody : selected poems / Emmanuel Moses ; foreword
by Kevin Hart.
    p. cm.
  ISBN 1-59051-125-5 (pbk. : alk. paper)
  I. Title.
  PQ2673.O69A6 2004
  841'.914–dc22

                                                          2004013541

CONTENTS

FOREWORD

Look over the poetry shelves at your favorite bookshop and, after half an hour's browsing, you could rearrange those slim volumes into far more interesting groupings than is done by the alphabet, gender, language, or nationality. One division that seems increasingly marked is that between poets of concept and poets of experience. A poet of concept knows in advance what he or she wants to write, already knows that the page now filling with words will indeed be a poem. He or she might be a conservative, even a new formalist, in which case form and meter serve as necessary, if insufficient, conditions of poetry. Equally, there are self-conscious avant-garde writers who are poets of concept: they know before they write a word that a poem must break form or must challenge norms. Against these, you find poets of experience; and once again there are conservatives and radicals. The former believe that poetry embodies or reflects an experience, while the latter allow "experience" to be drained into "experiment."

When your mental grouping of the poets is done, perhaps you will be left with some books that you cannot assign to either division. There are bound to be slim volumes by language poets, for their work is usually an arid combination of concept and experiment. Once you remove those, chances are that you will have before you a handful of truly interesting writers. These are the poets whose work marks a lack of fit between concept and experience. They know themselves that their intentions when writing can never program the wealth of awareness that is called forth by the act of writing. And we, when reading them, find ourselves surprised and dazzled by what we read. Plain or baroque, the poetry disconcerts us because it inverts our habit of reading. We expect to be able to prize meaning over experience in what we read, and yet we find that experience—or, better, *awareness*—has challenged the presumption of meaning and now dominates the page.

The book by Emmanuel Moses that you now hold in your hand is one of these vital books. There are many ways to read it: as a selection by one of France's most gifted younger poets; as a quite fascinating interlacing of European, North African, and Israeli sensibilities and themes; and as the tireless work of a poet given now to the aphorism, now to the mixed sequence, now to the postsurreal lyric, and now to narrative. The casual reader will be drawn by arresting lines, even in English translation, such as "A salty odor grabs me by the throat" and "And I unfold the newspaper which covers/ The blaring of my thoughts." People attuned to twentieth-century French thought will be amused by Moses's perfectly aimed (and very funny) riposte to Georges Bataille, author of *L'expérience intérieure*. It is all the more effective because it makes no reference to Bataille, Maurice Blanchot, or Jean-Claude Renard:

> He had an intense, inner experience:
> That of homogenous multiplicity.
> Then he placed the onion back on the table.

And everyone will be impressed by the facility with which Emmanuel Moses ties together political and metaphysical motifs. Consider the concluding lines of his poem that recalls the war of Yom Kippur:

> I didn't even see my grandmother die.
> I thought that she was still breathing under the sheet,
> And her coffin was like a suitcase
> Where someone hides to cross the border
> Without being seen.

What I value most in Emmanuel Moses's poems is the fine risk he takes in prizing experience over concept, or awareness over intention, that becomes increasingly a feature of his poetics in *Opus 100* (1996) and that emerges strongly in *Le Présent* (1999) and *Dernières nouvelles de Monsieur Néant* (2003). Out of many poems, I select just one as an example. It is a lyric I had the pleasure of translating my-self: "Passions and Lions." This remarkable piece begins with a speaker telling us of his "passion for peeled evenings" and a girlfriend who "loved parrots for company," passes by way of a Roman wall and a dog in a village to a dream of a lion that returns us, suddenly and strangely, to the girlfriend, and to an arresting detail:

> on her belly there was a scar
> as beautiful and deep
> as a flash of lightning
> I'd trace it with my finger
> and with eyes half-closed she'd wait until I got over it
> because our time was done

"Passions and Lions," like so many of Emmanuel Moses's recent poems, evokes experience from competing angles all at once. American readers will be familiar with this approach if they know a poem such as John Ashbery's "Soonest Mended." We could call it poetic cubism, though those two words run the danger of making these poems seem backward looking when in fact they lean into the future. Perhaps Jean-Luc Marion can be of help by loaning his notion of "le phénomène saturé," as developed in *Étant donné*. When we read Emmanuel Moses's poems we encounter layers of awareness that thoroughly saturate the phenomenon given to us. Our intentions are exceeded by what comes over us in waves from the page: we cannot foresee the compelling unity of the poem, and we are dazzled by its performance. Doubtless also we are surprised by it, and we become less confident how we experience the world and one another. Never do we feel that meaning has been allowed to master experience, yet never do we sense that the poem will refuse us more meaning.

Kevin Hart

THE TRANSLATORS

Alba Branca

Marilyn Hacker

Kevin Hart

Andrew Johnston

David Kinloch

Gabriel Levin

Robert Olorenshaw

Peter Snowdon

Agnes Stein

C.K. Williams

From **Labors**

(1989)

Cinq remarques d'Hérodote

1.131

Aphrodite Ourania. Les Perses
L'appellent Mitra, les Arabes
Alitat.

1.136

Aux enfants des Perses on enseigne
A tirer de l'arc,
A monter à cheval,
A dire la vérité.

1.195

Ils revêtent une tunique de lin tombant jusqu'aux pieds.
Sur leurs bâtons, l'image
D'une pomme ou
D'une rose.
Tel est l'ajustement des Babyloniens.

1.198 (i)

Ils mettent leurs morts dans du miel.
Et se lamentent.

1.198 (ii)

Quand un homme babylonien
S'est uni à une femme,
Il fait brûler des parfums et s'assied à côté.
A l'aube, tous les deux se lavent.

Herodotus' Five Remarks

1.131

Aphrodite Ourania. The Persians
Call her Mitra, the Arabs
Alitat.

1.136

Persian children are taught
To shoot arrows,
To ride horses,
To tell the truth.

1.195

They wear a linen tunic which falls to their feet.
On their staffs the image
Of an apple or
Of a rose.
Such is the Babylonian attire.

1.198 (i)

They bury their dead in honey.
And lament.

1.198 (ii)

When a Babylonian man
Unites with a woman,
He burns perfumes and sits close by.
At dawn, they wash.

[A.B.]

Chez S.

Chez S. j'ai trouvé un livre
Avec le dessin d'une feuille bleue
Sur la couverture.

Ton nom était à l'intérieur,
Suivi de celui d'un autre.
Je l'ai acheté
Fidèle et jaloux.

At S's

At S's I found a book
With a blue leaf drawn
On the cover.

Your name was inside,
Followed by another's.
I bought it
Faithful and jealous.

[A.B.]

Retour

Les noms seront oubliés.
La vigne couvre les murs
De sa peau rousse.

Immobiles, les femmes
Derrière les fenêtres.
L'odeur des feux d'herbe
Glissera sur d'autres
Visages.

Return

The names shall be forgotten.
The vines cover the walls
With their auburn skin.

The women, still
Behind the windows.
The smell of burned grass
Will glide across other
Faces.

[A.B.]

Le crime

Je me confessai à mon père. Il exigea que je m'excuse publiquement. Je rougis et ne répondis rien.

La pièce où il m'avait convoqué était large et haute de plafond.

De vieux tapis qui dégageaient des odeurs d'épices couvraient le parquet et les murs.

Je restai immobile. Mon père se mit à tourner en rond.

Je ne pouvais ôter mon regard de ses pieds nus qui s'élevaient lentement, restaient suspendus dans l'air quelques secondes, puis se posaient sur les couleurs passées des tapis.

La lumière qui filtrait les rideaux caressait doucement la tête de mon père. Je suivais des yeux son visage. L'ombre projetée par les murs le voila brièvement. Seules ses prunelles furent visibles, brillantes comme des anneaux d'or.

The Crime

I confessed to my father. He demanded that I apologize in public. I blushed and didn't answer.

He had summoned me to a large room with high ceilings.

A smell of spices emanated from the old rugs which covered the floors and the walls.

I stood still. My father started to walk around in circles.

I could not take my eyes away from his bare feet which slowly rose, suspended in the air for a few seconds, then landed on the faded colors of the carpet.

Through the curtains the filtered light slowly caressed my father's head. I followed his face with my eyes. The shadow projected by the walls concealed him for a moment. Only his pupils were visible, shining like golden rings.

[A.B.]

Oiseau de nuit

Les cheveux courts
Tu n'es plus le même.

Quand tu parles de lumière
Tu dis : lumière poudreuse

Quand tu décris les pins
Tu dis : rouille, vert-de-gris.

Les cheveux courts tu penses pourriture
Et tu arrêtes d'écrire
Pour bavarder

Comme sans plumes
Le hibou.

Comme déplumé
Le vieil hibou.

Night Bird

With short hair
You are no longer the same.

When you speak of light
You say: dusty light

When you describe the pines
You say: Rusty, verdigris.

With short hair you think corrupt
And you stop writing
To gossip

Like an owl
Losing its feathers.

Tatty
Like an old owl.

[K.H.]

Croquis d'un voyage dans un livre

Je suis celui qui attend,

Parmi les pierres disséminées
Jalons d'un seul chemin

Parmi les goélands qui hantent la mer
Comme Ulysse prisonnier des sirènes.

Nous recherchons le trésor à l'aide d'un paquet de vieilles lettres
Chiffrées
Le ruban qui les réunit est vert
comme sont vertes les robes des métisses de Porto Alegre.

Je trouve écrit à la page cent deux: vous rappelez-vous
"Le scarabée d'or" de E.A. Poe? Je n'ai retenu quant à moi que deux
    noms:
"L'Hostel de l'Evêque" et "la Chaise du Diable," car seul le nom
Forme la solution.

Je me penche par-dessus bord
Une odeur saline me prend à la gorge.

Esquisse of a Journey in a Book

I am the one that waits,

Among the scattered stones
Milestones of a single path

Among gulls haunting the sea
Like Ulysses captive of the sirens.

We are searching for the treasure with the help of a bundle of old
Coded letters
The ribbon binding them is green
Like the dresses of the mulattos of Porto Alegre.

I find written on page one hundred and two: remember
"The Gold Scarab" by E.A. Poe? As for me I've retained only two
   names:
"The Bishop's Hostel" and "The Devil's Chair," since the name alone
Frames the solution.

I lean overboard
A salty odor grabs me by the throat.

                                     [G.L.]

Dunkerque, sous la brume du petit matin

Au delà des pas, je retrouve la trace de wagons désaffectés
Sur les rails qui nous côtoient

Quelques banquettes devant moi
Une voix monologue au sujet de distances
Entre différentes gares aux noms craquants
Comme des bretzels

Nous nous approchons de la mer
Au dehors règne le parfum des fougères
Et des pierres humides

Une lanterne sourde déchiffre nos visages,
Il y a tant de possibilités

Le glissement du store
Qui ne veut en aucun cas rester en place
Se répercute dans la porte entrouverte

Nous gravissons la pente du nord
Sous un ciel noir et orange
Accompagnés par les lampadaires comme par de vieilles gouvernantes

J'essaie vainement de capter la senteur de la mer
Mes narines me font mal
Tout au plus la terre s'infiltre insidieusement,
Son odeur n'est que passée

De la ville,
Aucune impression Je me suis endormi
Je me suis endormi
Le carnet noir regagne son terrier,
Quelque part sur ma poitrine

Dunkerque. In the Early Morning Fog

Beyond the steps, I find again traces of abandoned wagons
On rails running alongside us

A couple of benches in front of me
A voice drones about distances
Between various stations with names that crunch
Like pretzels

We approach the sea
Outside the pervading odor of ferns
And humid stones

A dark lantern deciphers our faces,
There are so many possibilities

The sliding of the shade
That in any case won't stay in place
Echoes in the partly open door

We climb the northern slope
Under a black and orange sky
Accompanied by lampposts like old governesses

I try in vain to seize the smell of the sea
My nostrils hurt me
At the most the earth penetrates insidiously,
Its odor is of the past

No impression
Of the town
I fell asleep
The black notebook regains its burrow,
Somewhere on my chest

Plusieurs voix discutent du danger de la traversée,
—La mer est truffée de mines depuis la dernière guerre—
Des ombres de mains s'agitent,
L'obsédé du kilomètre crie plus fort que les autres

(Un temps) il y a plusieurs réponses à la seule question

Elle me dit : l'alexandrin est un vers parfait
Exemple: "Chant de guerre, chant de mer, ô navire, ô limon"

Et l'hexamètre?

Several voices discuss the danger of the crossing,
—The sea is riddled with mines since the last war—
Shadows of hands stir,
The one obsessed with kilometers shouts louder than the others

(Time pause) there are several answers to the only question

She tells me: the alexandrine is a perfect meter
Example: "Song of war, song of the sea, O vessel, O slit"

And the hexameter?

[G.L.]

à Christiane

Faucon, faucon de nuit
Où est l'eau que je
Ne boirai pas?
Où est l'eau que je bois?

Faucon-de-jamais
Si tu deviens montagne
Puisses-tu apprendre,
Granit
Puisses-tu apprendre

La pierre est d'argent
L'oiseau aussi,
Mais où est l'eau
Que je ne boirai pas?

To Christiane

Hawk, night hawk
Where is the water I
Will not drink?
Where is the water I drink?

Never-hawk
Should you become mountain
Will you study
Granite
Will you study

The stone is silver
The bird too,
But where is the water
I will not drink?

[G.L.]

Rhin

A la nuit,
Les barges rejoignent leurs attaches
Les carreaux se teintent de rouge
Et au ciel sans lune
Luisent les étoiles;
A la nuit,
L'odeur des châtaignes fraîches
Et des feux de bois.

Rhine

Nightfall,
The barges rejoin their hawsers
The panes are stained red
And in the moonless sky
Stars glisten;
Nightfall,
The odor of fresh chestnuts
And burning wood.

[G.L.]

Poèmes de l'ermite

I.

"Lorsqu'il descendra"

Lorsqu'il descendra
Je lui offrirai des pommes, des noix et du vin doux.
Assis sur la terrasse, nous regarderons en silence
Le ciel s'obscurcir au-dessus de la plaine.

II.

"Alors que vous, dans la plaine . . ."

Il m'écrit : la pierre se fendille
L'herbe fume:
La montagne est frappée de sécheresse
Alors que vous, dans la plaine . . .

Poems of the Hermit

I.
"When he descends"

When he descends
I'll offer him some nuts and sweet wine.
Seated on the terrace, we'll look in silence
At the sky darkening over the plain.

II.
"Whereas you, in the plain . . ."

He writes to me: the stone cracks
Grass smokes:
The mountain is struck with dryness
Whereas you, in the plain . . .

[G.L.]

à A.K.

Devant ton buste
Jauni par les années,
Je m'incline
Sans vraiment te connaître.
Tu as parlé—me dit-on—
D'une terre sans richesses.
J'imagine ta lampe,
Enfoncée dans l'encre de l'hiver.

For A.K.

Facing your bust
Yellowed with age,
I bow
Without really knowing you.
You've spoken—I've been told—
Of a land without wealth.
I imagine your lamp
Thrust in the ink of winter.

[G.L.]

Le poète Stéfanos (Iii' siècle après J. C.) Jugé Par Un Inconnu

Qu'il s'agisse d'un baptême, d'une noce ou (à Dieu ne plaise)
D'un deuil, on verra toujours Stéfanos paraître à un moment ou
A un autre de la cérémonie (et plutôt vers la fin).
Premier attablé au banquet qui suit, il mange plus que
Tout le monde, boit mieux que tous, et s'en tire avec
Quelques vers de circonstance.

The Poet Stefanos (Third Century AD) Anonymously
   Judged

Be it a baptism, a wedding or (God forbid)
A funeral, one will always spot Stefanos appearing at any given
   moment
During the ceremony (and rather toward the end).
First to be seated at the ensuing banquet, he eats more
Than anybody, drinks better than all, and manages to extract
An occasional verse or two.

[G.L.]

Es ist ein land

C'est un pays d'ombres et de neige
Où l'ardoise répand à pleines poignées
Ses écailles,
Où le vent brun du soir attise les feux
Veuf d'écume et de voiles.

Es Ist Ein Land

It is a land of shadows and snow
Where slate freely spreads out
Its scales,
Where the dusky wind fans the fire
Bereft of foam and sails.

[G.L.]

From **The Buildings of the Asia Company**

(1993)

from **L'année du dragon**

I

"Si le Misanthrope vivait aujourd'hui, il voyagerait en première
Classe." Mon voisin fume un londrès. Son Rémy Martin
   luit comme
De l'or. Je prie pour que tu rêves de moi, pour que tu tressailles,
Avant de décrocher le téléphone et de répondre qu'il y a erreur.
Nos latitudes n'ont plus rien à voir. Tu es fidèle à ton élément,
Petit taureau, moi au mien. Notre itinéraire ressemble étonnement
À ta ligne de coeur. Une mauvaise blague de la
   compagnie aérienne.
"Je ne bois jamais de thé. Le cigare vous dérange-t-il?"
Pauvre Browning! Il aurait changé de place, sans aucun doute.
Drôle d'année, tu sais, cette année du Dragon.

II

Le sanglier, le rat, le buffle, le tigre,
J'égrène consciencieusement la ménagerie céleste
Qui mène à toi.
Et penser qu'ils t'ont placée sous le signe du chat ! Toi que
   même Monsieur
Krapff appelle "Màuschen," petite souris.
Mille neuf cent soixante trois. Hemingway était mort depuis
   deux ans,
N. venait d'emménager au Palace.
Dans la neige d'Interlaken, ton détective favori cherchait des
   indices du
Bout de son 'Alpenstock.'

from The Year of the Dragon

I

"If the Misanthrope were alive today, he'd travel first
Class." My neighbor smokes a Havana. His Rémy Martin
    shines like
Gold. I pray that you may dream of me, that you may tremble
Before you pick up the telephone and reply: "Sorry,
    wrong number."
Our latitudes no longer coincide. You are faithful to your element,
Little bull, and I to mine. Our itinerary astonishingly resembles
Your love-line. A bad joke on the part of Air France.
"I never drink tea. Does the cigar disturb you?"
Poor Browning! He would have changed places, no doubt.
It's a funny year, you know, this year of the Dragon.

[P.S.]

II

The boar, the rat, the buffalo, the tiger,
Meticulously I mark off the celestial menagerie
Which leads to you.
And to think they put you under the sign of the cat! You whom
    even Mr.
Krapff calls "Mäuschen," little mouse.
Nineteen sixty-three. Hemingway had been dead for two years,
N. had just moved into the Palace.
In the snow at Interlaken, your favorite detective looked for clues
    from the
Height of his "Alpenstock."

[M.H.]

III

Rue de l'Astronome, le téléphone a été coupé
Et le monde se réduit à la prostituée qui attend
Sous le porche de l'agence immobilière le premier client du soir.
Les épingles trouvées entre les lattes portent bonheur.
   Je les rassemble
Dans une boîte et nous pensons à ton oncle.
Il t'écrit des lettres en forme de rêves que tu me racontes au petit
Déjeuner. Dans l'armoire, là où il mettait son parapluie,
   il y a maintenant
Des nuages aux reflets vifs. Sa jeune femme a surgi au fond
D'une assiette. Elle venait de descendre du train ocre des morts.
   Nous ne
Savions pas son nom, alors nous l'avons appelée Dorikha et tu
   lui as donné
Un châle de couleur.

IV

Des amis viennent de loin te demander conseil.
Tu les écoutes sans broncher, réservant ta réponse pour plus tard.
Les consultations par téléphone semblent mieux te convenir.
Monsieur Pommard, le boucher, a d'obscurs conciliabules
   avec toi et
Le fruitier murmure notre numéro comme une formule
   propitiatoire.
Tu reçois des brassées de roses, une pour chaque interprétation.
   Pourtant,
Ton père ne t'a pas fait broder de tunique.
"Est-ce que je dois partir en voyage?"
Tu hausses les épaules et te verses un second verre de marasquin.

III

In Astronomer Street, the telephone has been cut off
And the world shrinks to the prostitute who waits
For the evening's first client under the porch of the
    real estate agency.
Pins we find between the slats bring good luck. I collect them
In a box and we think of your uncle.
He writes you letters in the form of dreams which you tell me at
Breakfast. In the armoire, where he kept his umbrella,
    there are now
Clouds with bright highlights. His young wife has risen up from
    the bottom
Of a dish. She had just gotten off the ocher train of the dead.
    We didn't
Know her name, so we called her Dorikha and you gave her
A colored shawl.

                                [M.H.]

IV

Friends come from far away to ask your advice.
You listen to them without batting an eye, keeping your answer
    for later.
Telephone consultations seem to suit you better.
Mister Pommard, the butcher, has mysterious chats with you and
The greengrocer whispers our number like a good luck charm.
You receive armfuls of roses, one for each consultation.
    Nonetheless,
Your father hasn't had a tunic embroidered for you.
"Do I have to go on a journey?"
You shrug your shoulders and pour yourself a second glass
    of maraschino liqueur.

                                [D.K.]

V

Imb en irlandais, Amann en breton. Le beurre serait "le nombril de
L'immortalité". Hus s'excuse d'arriver sans prévenir et pose sa valise
Par terre. Je pense à Khidr, le maître intérieur; il déclame quelques
Versets du Coran d'une voix de pasteur. Tu aimes le miel
  qui a nourri
Eithne et Pythagore. Il est, de toute façon, au régime et fait
  l'éloge de la
Margarine. Le voyage semble l'avoir fripé. Nous savons ce qui
  nous attend:
Séances et lévitations à la chaîne. Tout en coupant un cigare,
  il évoque
Hiram, Déméter, Cùchulainn. Hambourg lui manque déjà,
  ville rose
Comme un saumon au bord d'une eau huileuse.
Le soir s'étire . . . Encore un de ces étés où les rêves se moquent de
  nous.

VI

Chut. Les morts nous regardent de leurs yeux noirs et blancs.
  Ils rôdent
Comme des vagabonds, comme la lune.
Allume toutes les lumières, débouche le meilleur vin,
Peut-être, petit démon, partiront-ils avec le brouillard.
Dans un cimetière, je me suis promené à bicyclette. J'ai cueilli
  des asters
Et j'ai pensé à toi. Le ciel était bleu, la terre déjà d'automne.
  Dans un
Vieux cimetière, et derrière la grille, les gens remettaient leur
Chapeau.

V

Imb in Irish, Amann in Breton. Butter is "the belly-button of
Immortality." Hus apologizes for arriving unexpectedly and
   puts down
His case. I think of Khidr, master of the interior; he declaims a few
Verses from the Koran with a pastor's voice. You like the honey
   which nourished
Eithne and Pythagoras. In any case, he's on a diet and praises
Margarine. He seems crumpled from the trip. We know what
   to expect:
A relay of seances and levitations. Topping a cigar, he mentions
Hiram, Demeter, Cuchulainn. He's already missing Hamburg,
   city pink
As a salmon beside its oily river.
The evening stretches out . . . Yet another of those summers where
   dreams mock us.

                           [M.H.]

VI

Hush. The dead are looking at us with their black and white eyes.
   They prowl
Like vagabond, like the moon.
Light all the lights, uncork the best wine.
Perhaps, little demon, they'll leave with the fog.
I rode my bicycle in a cemetery. I picked asters
And I thought of you. The sky was blue, the earth already
   autumnal. In an
Old cemetery, and behind the iron gate, people put their
Hats back on.

                           [M.H.]

VII

Je n'oublierai pas tes dragons en forme d'autobus, Londres,
Ni les cigognes sous le pont Saint-Charles, un soir d'avril . . .
Le ton élégiaque sied aux retours de voyage. Dans la cuisine,
    une odeur
De mort s'échappe du frigidaire. La lettre de voeux glissée
    sous la porte
Concerne un inconnu.
Ta bouche a encore le goût du bois mouillé et du goudron.
    La nuit dernièr
Benedict est passé de mon rêve au tien, renversant sur
    l'oreiller un peu
De terre de Sicile.
Tu ouvres la valise où dorment les livres. Mes derniers poèmes
    te plaisent
Moins, à quoi bon le nier? Un vers de Donne sur les étoiles
    et tu plonges
Dans ton bain d'herbes contre le rhume.

VIII

Moshe Spitzer. Enfant de Prague. En mille neuf cent trente-huit, il
Remplit Berlin de petits livres orange et continue de faire sa cour
Aux belles femmes qui, les avis sont unanimes, n'en ont plus pour
Longtemps sur cette terre de douleur. Regarde sa photo. Il t'aurait
Sûrement plu. D'autant que lui aussi adorait le chocolat.
    Le jour de la
Prière des morts, ils sont sortis de la terre, comme des fleurs,
Pour lui rendre hommage, et les employés des pompes funèbres
    ont crié
Au miracle. "C'était un saint, n'est-ce pas, ce Docteur?"

VII

I won't forget your bus-shaped dragons, London,
Nor the storks beneath the Saint-Charles Bridge,
    one April evening . . .
Elegy suits homecomings. In the kitchen, a smell
Of death escapes from the fridge. The greetings card slipped
    under the door
Is to a total stranger.
Your mouth still tastes of damp wood and tarmac. Last night
Benedict jumped from my dream to yours, spilling onto
    the pillow a little
Sicilian earth.
You open the case where the books sleep. You're not so wild
    about my
Latest poems, why deny it? A line of Donne on the stars
    and you plunge
Into your herbal bath warding off a cold.

[D.K.]

VIII

Moshe Spitzer. Child of Prague. In nineteen thirty-eight, he
Floods Berlin with little orange books, while continuing
    to pay court
To the beautiful women who, everyone agrees, have not
    much time left
To live on this suffering earth. Look at his photo. I'm sure you
Would have liked him. All the more since he shared your passion
    for chocolate. On the day of
The prayer for the dead, they rose out of the earth, like flowers,
To pay homage to him, and the undertaker's assistants were
    adamant it was
A miracle. "He was a saint, wasn't he, the Doctor?"

Qui sait? D'une certaine manière, oui, sans doute. Berlin,
   à l'époque,
N'était peuplée que d'animaux et de saints. Quant à Prague,
   ne l'a-t-on pas
Surnommée de tout temps la "Jérusalem de Bohème?"
Mais qu'importe que tu sois au bord de l'eau sombre de la Seine
   et lui,
Couché dans le manteau jaune de la colline. Une de ces nuits, il est
   bien capable
De faire le premier pas.

IX

Viens, Orgueil de Tabriz. Sur ta joue, Il a écrit quelque chose
D'illisible. Dans ta main, Il a mis une fleur diaphane. Autour de
Tes épaules, Il a tressé un châle de lumière. Viens.
Toi qui as des yeux, regarde ce qui s'élève vers le ciel,
A travers la treille noire de feuillage. D. (prédicateur très en vue)
   a dit:
"En toi, en moi, le même sang palpite." J'ajouterais : "Il m'oblige
   à rester
Assis, mais toi, tu peux marcher sans attirer l'attention."
Viens. Que je te lèche comme une cuillerée de confiture de rose,
Que le lait de Pyrrah se mélange au lait de Deucalion.
Un dieu t'a prévenue. Le vent abat l'as de coeur, la pluie,
La dame de pique. Du cimetière montent les bouffées
   de l'automne.
Trois jours encore. Viens. L'hiver n'a jamais été une saison
   bien fameuse
Pour les amants.

Who can tell? In a certain sense, yes, no doubt. In Berlin,
　　at that time,
Everyone was either a saint or an animal. As for Prague,
　　hasn't it always
Been known to its friends as the "Jerusalem of Bohemia"?
But what does it matter that you stand by the dark waters of the
　　Seine, while he
Sleeps under the yellow coat of the hillside? One of these nights,
　　he's quite capable of
Taking the first step.

[P.S.]

IX

Come, Pride of Tabriz. On your cheek, He has printed marks
We cannot read. In your hand, He has placed a transparent
　　flower. Around
Your shoulders, He has woven a shawl of light. Come.
You who have eyes, see what rises towards the heavens,
Through the trellis blackened with leaves. D. (a prominent
　　preacher) said:
"In you, in me, the same blood flows." I'd add: "It forces me
　　to remain
Seated, but you are able to walk without attracting attention."
Come. Let me lick you like a spoonful of rose-petal jam,
May the milk of Pyrrah mingle with the milk of Deucalion.
A god has forewarned you. The wind slaps down the ace of hearts,
　　the rain,
The queen of spades. From the cemetery rise strong draughts
　　of autumn.
Three more days. Come. Winter never was such
　　a tremendous season
For lovers.

[P.S.]

XII

Grand Hôtel Krasnapolsky : la chambre 415 a vu des cons luisants et secs. Zeus enfilait par derrière, nous, qui ne sommes pas des dieux, avons d'autres habitudes. Dans mon lit, le taureau a laissé quelques poils et Europe, une étoile translucide. Moi aussi, je serai un cygne, mon étreinte aura la douceur des plumes. Les cuisses écartées autant que possible, tu murmures des noms d'hommes grecs et espagnols. Pour eux, j'ai déjà fabriqué des filets plus solides que ceux du boiteux lui-même. En vérité, il faudrait te baiser le jour, pas la nuit. Laissons l'obscurité aux chevaux Arabes et aux chèvres qui abîment les haies.

XIII

Ici, les chariots à bagages n'exigent pas encore de rançon. "La plus grande gare d'Europe." Sa verrière est sale comme les cols des gens qui s'entassent dans l'omnibus du soir. Les journaux saluent l'arrivant en dix-huit langues. "Welcome," "Bienvenue," "Willkommen," "Ahalan," "Barouh haba," "Salute," "Dobro Dosao" : l'écume de la bière est sur toutes les lèvres. Jour gris d'avril, tu as ouvert une brèche dans l'avant-été. Planmässige Abfahrt . . . Ces wagons verront la mer du nord, ces autres, les lacs italiens. Le taxi ne connaît pas ta rue. Tu lui indiques le chemin, Antigone guidant un OEdipe de Zagreb. Allons sur la terrasse. Au fond du réfrigérateur, j'ai trouvé une bouteille de vin blanc. Le tilleul forme un dais au-dessus de nos têtes. Dans l'avenue, les tramways ne grondent plus. Il faut maintenant sortir de la ville pour les retrouver. "HL" et ta tante, dans la cohue du vendredi. "Sweetheart." Les enfants grandissent sans crier gare. Yossi, le fou du Westend, roule toujours sur les trottoirs et converse, par médiums interposés, avec le ténor Joseph Schmidt. Ce matin, devant notre fenêtre, des merles occupent le platane. Il paraît qu'ils viennent de l'est : de Lithuanie et de Pologne. Petites âmes noires aux roulades mauresques qui apportent des messages d'outre-tombe.

XII

Grand Hotel Krasnapolsky: room 415 has seen cunts both shiny and dry. Zeus used to slip in the back way, we, who aren't gods, have other habits. In my bed, the bull has left a few hairs and Europa, a translucent star. I too will be a swan, my embrace will be soft as feathers. Thighs spread as wide as possible, you whisper the names of Greek and Spanish men. For them, I've already built nets stronger than those of the lame one himself. In truth, I should fuck you by day, not by night. Let us leave the darkness to the horses of Arabia and to the goats who ruin hedges.

[P.S.]

XIII

Here, the luggage, trolleys don't yet demand a ransom. "The biggest station in Europe." Its windows are as dirty as the collars of folk who pile into the evening bus. The papers greet new arrivals in eighteen languages. "Welcome," "Bienvenue," "Wilkommen," "Ahalan," "Barouh Haba," "Salute," "Dobro Dosao": the froth of beer is on all lips. Gray April day, you have prized open a foretaste of Summer. *Planmassige Abfahrt* . . . These carriages will see the North Sea, others the Italian lakes. The taxi doesn't know your road. You point out the route, Antigone guiding a Zagreb Oedipus. Let's go out onto the terrace. I've found a bottle of white wine at the back of the fridge. The lime tree forms a canopy above our heads. The trams no longer growl the street. Now you have to leave town to find them. "HL" and your aunt, in Friday's rush. "Sweetheart." The children grow up without any warning. Yossi, the Westend's nutter, still rollerblades the pavements and chats via mediums, with the tenor Joseph Schmidt. This morning, in front of our window, blackbirds fill the plane tree. Apparently they're from the east: Lithuania and Poland. Little black souls with moorish trills which carry messages from beyond the grave.

[D.K.]

XIX

Voici le pain—Lugano—le vin des étoiles. Les anges assis au bord de
l'eau se racontent leur vie, Sodome, la lutte avec le berger jusqu'au
matin. Tu resteras là, à côté de ceux qui cherchent autre chose derrière
une fleur ou un oiseau. Déjà le train du rêve avance à jets blancs de
fumée. Déjà, au fond du parapluie, une pièce d'or scintille : la vie
nouvelle. Comme le soir où nous avons marché le long de la route
pour remonter à Cologny et que le soleil était braqué dans notre dos.
Jouons aux échecs des saisons. L'hiver, reine noire, prend la tour
blanche de l'automne. Il devait en être ainsi. Un cerf s'est affaissé dans
la neige. Des chasseurs l'ont trouvé un matin, touché par l'ombre
d'une balle. En ce jour de fête, il fallait bien que quelqu'un prît la
parole, alors il a ouvert la bouche et l'année a commencé sous le signe
du miracle et du café passé en contrebande. Voilà un aigle transformé
en homme, un homme qui en dit autant qu'il en sait. Viens sous le
lampadaire, à la lumière qui chante comme un grillon. Un autre jour
est né dans les entrailles de cette nuit.

XXV

Ouvrons grand les fenêtres—le printemps amène ses
Vagues de chlorophylle dans les chambres. Les fleurs
De l'année dernière confirment l'Ecdésiaste : elles
Sont poussière dans les livres. Nuits sans sommeil,
Avec les signaux en morse de la pluie sur la toiture
Qui n'ont pas de destinataire. Si nous avons soif,
Le lait acide ne nous suffira pas. Sous tes pas, les
Écorces se tordent et s'effritent de désir. Le vent
Du matin nous a surpris; il entraîne un journal oublié
Dans le jardin. "L'anglais en un week-end." Le temps
Se gonfle de sève jaune. Une porte claque et c'est le
Mal du pays.

XIX

Here is bread—Lugano—the wine of the stars. Angels sitting beside water tell the stories of their lives, Sodom, the struggle with the shepherd until daybreak. You will remain there, beside those seeking something else beneath the shape of flower or bird. Already the dream train puffs its way forward. Already, in the roof of the umbrella, a piece of gold glitters: *la vie nouvelle*. Like that evening we walked back along the road to Cologny with the sun trained on our backs. Let us play chess with the seasons. Winter, black queen, takes the white castle of Autumn. It had to be so. A deer has collapsed in the snow. Hunters found it one morning, touched by the shadow of a bullet. On this festive day, it was quite proper someone should make a speech, so he opened his mouth and the year began under the sign of miracles and contraband café. Here is an eagle transformed into a man, a man who tells you as much about it as he knows. Stand where I can see you, in the light that sings like a cricket. A new day is born in the entrails of this night.

[D.K.]

XXV

Open wide the windows—the Spring ushers its
Waves of chlorophyll into the bedrooms. Last year's
Flowers confirm Ecclesiastes: they are
Dust among the books. Sleepless nights,
With the rain morsing the roofs
To someone who doesn't exist. If we are thirsty,
Acid milk is hardly enough. Beneath your footsteps,
Bark and conker writhe and crumble with desire.
The morning wind surprises us; it drags a forgotten
Newspaper into the garden. "English in one weekend."
Time swells with yellow sap. A door bangs and its
Homesickness.

[D.K.]

XXXIV

En ces jours d'après la montagne—la crête de l'aigle
Avait disparu et il était difficile de ressentir
La même joie—je me retrouve dans les chaussures
De quelqu'un que je ne suis pas, tout étonné de pouvoir
Cependant marcher et même à vive allure.
Ces paysages, ces bouts de conversations égarés
Dans les cafés comme des parapluies ou des livres
Appartiennent à un autre.
J'ignore le contenu intime de sa poche.
L'age n'est pas encore, pour moi, une préoccupation.
Ma femme et mon fils ne le concernent visiblement que
Par pure politesse mais nous échangeons nos rôles
Et c'est moi qui le réveille la nuit au téléphone,
Qui suis assis dans une pièce inconnue enveloppé
De la fumée noire d'une pipe sur laquelle je tire
Des bouffées lentes et irrégulières, tandis qu'une porte
Est entrebaillée sur le corps endormi d'une
Étrangère.

XXXV

Des noms de restaurants, de cafés avec des stores
Et des miroirs aux murs pour se voir
Manger et sourire, boire l'un à la santé de l'autre
S'embrasser et former des projets, se retourner aussi
Vers des souvenirs feuilletés sans hâte
Auxquels on ne donne pas d'importance particulière.

L'été languissait dans le jardin de madame Fagès.
De la piscine sortaient des jeunes filles qui riaient.
Gérone avait déployé sous nos pas les vieilles cartes
Veloutées avec les ruelles des Juifs.
Et rien n'indiquait la fuite du temps.

XXXIV

These days back from the mountain—the eagle's ridge
Had disappeared, and it was difficult to feel
The same joy—I find myself in the shoes
Of someone who's not me, quite surprised nonetheless
To be able to walk in them, even swiftly.
These landscapes, these bits of conversation left
In cafés like umbrellas or books
Belong to someone else.
I don't know the intimate contents of his pockets.
Age is still barely a preoccupation for me.
He is visibly only concerned with my wife and my son
Out of pure politeness, but we exchange our roles
And it's I who wake him at night on the telephone,
Who am seated in an unknown room wrapped
In the black smoke of a pipe on which I draw
With slow irregular puffs, while a door
Ajar reveals the sleeping body of a
Stranger.

[M.H.]

XXXV

The names of restaurants, of cafés with awnings
And mirrors on the walls to watch yourselves
Eat and smile, drink to each other's health
Kiss and make plans, also return
To memories leafed through at leisure
To which you give no special significance.

Summer wilted in Mme. Fagès' garden.
Young girls would come laughing out of the pool.
Beneath our feet Gérone had spread out old maps
Flocked with little Jewish streets.
And nothing betrayed the flight of time.

Sur un tableau, on voit une jeune fille penchée à
Une fenêtre—c'est peut-être toi dans une autre
Vie—qui pense à quelque chose de triste
En danois ou en suédois.

La nuit va bientôt tomber : les lampes frottées s'allument
Et autour de la table prennent place tous les chers
Disparus, comme un conseil d'administration du passé.

XXXVI

Le monde est en train de changer. Bien qu'il
Pleuve toujours sur les chemins de haute montagne
En cette fin de mois d'août et que les grappes de raisin
Blanc mûrissent autour de nous.
L'histoire apparaît sur la trajectoire d'une vie et
L'on se dit : "Toi, qui étais là, n'oublie pas ce moment."
Pendant la guerre de Kippour, je faisais le
Facteur et j'apportais aux mères inquiètes des nouvelles
De leurs fils.
Pendant la visite de Sadate à Jérusalem, je guettais
Chaque passage du cortège officiel.
Ici s'arrêtent mes souvenirs. Je ne peux témoigner
De rien d'autre.
Je n'ai même pas vu mourir ma grand mère.
Sous le drap, j'avais l'impression qu'elle respirait encore
Et son cercueil ressemblait à une valise
Où quelqu'un se cache pour passer la frontière
De manière clandestine.

XXXVII

Mon oncle qui a gardé la vue d'un jeune homme
A quitté sa femme et maintenant, à l'autre bout
De la planète, au bord de l'océan sombre et bleu,

In a picture, there's a young girl leaning out
A window—perhaps it's you in another
Life—who's thinking of something sad
In Danish or Swedish.

Night will fall soon—the polished lamps will light up
And around the table all the beloved
Dead will take their places, like a board of directors of the past.

[M.H.]

XXXVI

The world is changing, even though
It rains on high mountain tracks
These late August days and even though the fat green grapes
Are ripening around us.
History cuts across your path through life
And you tell yourself, "Hey, you were there, don't forget it."
During the war of Yom Kippur, I served
As a postman and brought to worried mothers
News of their boys.
During Sadat's visit to Jerusalem, I watched
For each official procession.
So much for my memories. I can't serve as witness
For anything else.
I didn't even see my grandmother die.
I thought that she was still breathing under the sheet,
And her coffin was like a suitcase
Where someone hides to cross the border
Without being seen.

[K.H.]

XXXVII

My uncle who kept a young man's outlook
Has left his wife and now, at the other end

Il attend la naissance d'un second enfant.
La vie, de manière générale, n'a pas toujours
Été souriante pour lui.
Disons qu'il effectuait les tâches ménagères plus souvent
Qu'à son tour, entre autres.
A Jérusalem, sa place n'a pas vraiment laissé un vide.
Ni les commerçants, ni ses étudiants ne le regrettent
Amèrement.
Il n'y a que ma tante qui continue de hurler
Sa colère et sa honte.
Le soir, elle s'asseoit sur son canapé neuf et compte
Les années gâchées.
Même la mort aurait été préférable.
Elle ne peut s'empêcher de penser à son coeur
Qui bat là-bas, en terre étrangère,
Sur le sein d'une autre et elle hait
Ce muscle palpitant qui l'a trahie.
Elle n'entend plus que lui
Dans le silence de son quartier tranquille.

XXXVIII

Il y avait les lettres que je voulais t'écrire.
A chaque voyage, pendant les absences
Et même la nuit, quand tu dormais.
Et celles que tu as reçues, la reproduction de Motherwell
Ainsi que les deux ou trois autres.
Je regarde les années passées de notre vie et j'ai
Mauvaise conscience.
Mais jé n'avais pas à te donner de conseils, les
Découvertes importantes passaient directement de moi
A toi, de toi à moi comme de l'argent sur un comptoir.
Ceci dit, sans essayer de me disculper.
Dans cent ans, comment parlera-t-on de
Notre amour?

Of the planet, on the shore of a blue and somber ocean,
He awaits the birth of a second child.
Life, in general, has not always
Been easy for him.
Let's say that he did the household chores more often
Than his turn, among other things.
In Jerusalem, there's no real absence left by his going.
Neither the shopkeepers nor his students miss him
Bitterly.
There's only my aunt who continues howling out
Her anger and her shame.
In the evening, she sits on her new couch and counts out
The wasted years.
Even death would have been preferable.
She can't help thinking about his heart
Which beats far away there, in a foreign land,
On someone else's breast, and she hates
That pulsing muscle which betrayed her.
It's the only thing that she can hear
In the silence of her quiet neighborhood.

[M.H.]

XXXVIII

There were the letters I wanted to write you.
On every journey, when you were absent
And even during the night, while you slept.
And those which you received, the one with a reproduction
    of a Motherwell
Along with two or three others.
I look back over the years of our life together and feel I was
At fault.
But it wasn't up to me to give you advice, the
Important discoveries passed directly from me
To you, from you to me like money across a counter.

Qui sera encore là pour témoigner, raconter
Et faire rire? Il n'y aura rien à vendre au marchand
De cartes postales, rien à jeter ou à brûler pour
Mettre de l'ordre.

XXXIX

J'évoquerai d'abord "Cohen," le haut lieu des légumes
Farcis, artichauts et cardons, courgettes mais
Aussi pommes de terre, puis "Leah Rehavia," en face
Du lycée municipal, auquel j'ai invité Anat Taitelboïm
Sans arrière pensée alors qu'elle était prête à tout.
Et le café "Orly" ainsi que "Hakol Tari" avec
Ses vieilles tables d'école en bois, dans la rue Allenby.
Je ne peux pas oublier non plus le "Hermon"
Dont le patron et sa fille servaient respectueusement
Les hauts fonctionnaires de l'Agence Juive,
"Alpin" aux poissons fades, la cafétéria de Sprinzak
Où tu n'étais pas.

XL

Maintenant que le livre tire à sa fin, avec ses
Voix différentes—on a le temps de vieillir
En cinq ans—un lieu éloigné, l'autre très proche
L'ombre légère et mélancolique de la famille,
J'ai l'impression
Qu'une porte se referme définitivement
Ou les fenêtres sur la façade d'une maison
Qui est la maison de l'enfance.Que l'on ne peut
Appeler que comme ça.

Which I say, not in order to excuse myself.
In a hundred years, what will they say about
Our love?
Who will still be there to bear witness, tell tales
And make others laugh? There will be nothing to sell to the postcard
Dealer, nothing to throw away or be burned so as
To set things straight.

[P.S.]

XXXIX

First I'll conjure up "Cohen," palace of stuffed
Vegetables, artichokes, cardoons, zucchini, and
Potatoes too, then "Leah Rehavi," across the street
From the public high school, where I'd invited Anat Taitelboim
With no ulterior motive, though she was up for everything.
And the "Orly" café and also "Hakol Tari" with
Its wooden schoolroom tables, in Allenby Street.
And I can't forget the "Hermon" either
Whose proprietor and his daughter respectfully served
The high officials of the Jewish Agency,
"Alpin," with its tasteless fish, the Sprinzak cafeteria
Where you were not.

[M.H.]

XL

Now that the book approaches its end, with its
Different voices—you've had time to get older
In five years—one place farther away, the other so close
The light and melancholy shadow of the family,
I have the impression
That a door is definitively closing
Or the windows on the front of a house
Which is the house of childhood. That one can't
Call it back except like this.

[M.H.]

XLI

Tu perds quelques cheveux. Je les ramasse
Avec tristesse je me dis
Qu'une partie de toi est disparue à jamais.
Pour ne pas penser à la mort,
J'aurais dû être ivrogne ou fumeur invétéré
Mais la santé du corps précaire
M'importe trop.
Le livre des Psaumes me convient. Ainsi,
D'ailleurs, que Job, l'Ecclésiaste
Et le divin Isaïe.
Assis à la terrasse du café "Odessa," je rêve
De la fortune future, de voyages,
D'une maison au bord d'un lac
Bleu comme un oeil.
La jeune fille assise à côté ne me regardera pas
Dans vingt ans, c'est un fait amer,
Et je déplie le journal qui couvre
Le vacarme de mes pensées.

XLVI

Rembrandt. Je marche sur cette même route,
A travers des villages,
Le long de digues et d'arbres sans noms.
Tant de choses qui un jour
Se disperseront en grains invisibles.

XLVII

Le rempart derrière la maison des lépreux:
Là aussi, c'est Jérusalem.
Des ruisseaux bleus traversent les champs,
La lumière peint en argent un arbre trapu.

XLI

You lose a few hairs. I pick them up
Sadly. I say to myself
That a part of you has disappeared forever.
In order not to think of death,
I would have had to be a drunk or a chain-smoker
But the body's precarious health
Matters too much to me.
The book of Psalms suits me. As well,
For that matter, as Job, Ecclesiastes
And the divine Isaiah.
Sitting at a table outside the Odessa café, I dream
Of future wealth, of voyages,
Of a house on the shore of a lake
Blue as an eye.
The young woman sitting beside me won't look at me
In twenty years, it's a bitter fact,
And I unfold the newspaper which covers
The blaring of my thoughts.

[M.H.]

XLVI

Rembrandt. I walk along the same road,
Across villages,
Along embankments and beside nameless trees.
So many things which one day
Will be dispersed in invisible particles.

[M.H.]

XLVII

The rampart behind the leprosarium:
That's also Jerusalem.
Blue brooks cross the fields,

Dans les livres précieux qui glissent entre les doigts
Chaque page raconte une histoire différente
De poussière et de plomb.
J'aime être assis avec toi dans ce petit café
Près du Rokin où les minutes sont marquées
Par le ferraillement des trams.
En février, quand le vent enoque à pleines dents
La chair poreuse des briques d'Amsterdam,
Les morts se dressent avec les vivants
Provisoires et disent àl ronde:
"Comment nous avons échappé."

XLVIII

Des baisers qui sont comme le grattement
D'une main sur une porte.
A minuit, au seuil de l'auberge de Shakespeare,
On hésite à plonger dans le bruit et les lumières
Pour ne pas réveiller la douleur d'une belle
Jeunesse révolue.
Comme les corps obéissaient à l'âme
Alors.
La fatigue fond sur l'homme avec la vitesse
D'un rapace. Malheur à ceux qui n'ont pas rempli
Leur grange, pour ainsi dire.
Tombe, tombe, neige des souvenirs, sur le
Petit théâtre dans la boule de verre.
Me voilà, le bout du nez peint en rouge. Te voilà,
Appuyée à la fenêtre.
Les heures sonnent et le bourdon roule sur l'eau
Si tranquille, ce soir, de la Seine.
Ce n'est plus l'été. Il y a tant de choses
A désapprendre.

Light paints a stocky tree in silver.
In precious books which slip between our fingers
Each page tells a different story.
I also like to sit with you in that little café
Near the Rohin where the minutes are marked off
By the clanking of the streetcars.
In February when the cold bites down
Into the porous flesh of Amsterdam's bricks,
The dead rise up with the provisionally
Living and say each in turn:
"How we have escaped."

[M.H.]

XLVIII

Kisses which are like the scraping
Of a hand on a door.
At midnight, at the threshold of Shakespeare's inn,
One hesitates at diving into the noise and the lights
So as not to awaken the pain of a lovely
Youthfulness of bygone days.
Since bodies would obey the soul
So then.
Fatigue pounces on man with the speed
Of a raptor. Woe to those who have not filled up
Their barns, so to speak.
Fall, fall, snow of memories, on the
Little theater in the ball of glass.
Here I am, the tip of my nose painted red. There you are,
Leaning out the window.
The hours strike and the great bell rolls over the water.
So peaceful, this evening, the Seine.
It's not summer any more. There are so many things
To unlearn.

[M.H.]

Outreterre

Voix réduites au silence
Le brouillard s'est levé
Maintenant
Abandonnant derrière lui
Maisons, arbres, rochers
Toute fumée
Une dernière ânesse raconte l'ange se
Souvient des tentes de Jacob
Cette nuit encore la pluie sera
Le rêve des chemins

Overland

Voices reduced to silence
The fog has lifted
Now
Leaving behind
Houses, trees, rocks
All smoke
The last ass tells the angel
Remembers Jacob's tents
This night again the rain will be
The roads' dream.

[A.S.]

Todros,
Des plumes de corbeau
T'empêchent de dormir.
Au cou des gardiens
L'ivoire cliquète.
Cette nuit,
Comme toutes les autres nuits,
La chandelle n'a pas brûlé longtemps
Avant qu'une main excédée
L'éteigne.

Todros,
Crow-feathers
Prevent you from sleeping.
Ivory pieces click
Around the warders' necks.
This night,
Like every other night,
The candle doesn't burn for long
Before an exasperated hand
Snuffs it out.

[P.S.]

Autre portrait de D.

"Il y a des miracles"
Disais-tu
En contemplant le jardin
Où une chaise
Achevait de sécher.

Another Portrait of D.

"Miracles do happen"
You said
Looking out onto the garden
Where a chair that had been left
Out all night was just about dry.

[P.S.]

Épitaphe

Fait pour ce monde.
Il n'y avait qu'à le voir les matins de brume,
Les soirs d'été
Allongé dans le jardin.
Sans aucun doute
Pétri dans la glaise.

Epitaph

Made for this world.
You only had to see him those mornings when the mist
Rose, on summer evenings
Stretched out in the garden.
Not a shadow of a doubt he was
Moulded from clay.

[P.S.]

C'est toi qu'annonce
La première étoile
Paroles du scorpion: j'ai mangé dans
La main des rois
J'ai dormi entre les seins de
Cassiopé
Voici venir l'heure de la bénédiction
Le coeur le trèfle le carreau et le coeur
Une poignée de terre devient hiver
Feu de ronces.

It is you the first star
Announces
Words of the scorpion: I have eaten out of
The hands of kings
I have slept between the breasts of
Cassiopeia
And now it is the hour of benediction
Heart club diamond and heart again
A handful of earth turns towards winter
The briars blaze.

[P.S.]

Hotel Terminus

La mer a une politique
Qui n'est pas la politique de la terre.
La terre a la politique des pierres
Des chardons un âne
Sur le chemin

Entre les vagues, des voiliers passent
Le rêve d'une felouque qui dit: "Nil!"
Des cargos en route vers l'Occident
Mais
L'Orient lui tourne le dos

N'adresse pas la parole
Aux enfants des Francs et des Avars
Il bâtit sa maison
Pour mille ans.

Hotel Terminus

The politics of the sea
Are not the politics of the land.
The politics of the land are made of stones
Thistles a donkey
On a path

Between the waves, sailboats pass
The dream of a felucca from the Nile
Cargos en route for the West
Meanwhile
The East turns its back

And will not speak
To the children of Avars and Franks
It builds its house
For a thousand years.

[P.S.]

From **OPUS 100**

(1996)

extrait de **Le baron de la mouette**

Il dit:
La lampe est évidente et elle disparut
Il dit:
Les nuages sont évidents et ils disparurent
Il dit:
La mort est impensable et il fut (presque) happé.

from **The Baron of the Seagull**

He said:
The lamp is obvious and it disappeared
He said:
The clouds are obvious and they disappeared
He said:
Death is unthinkable and he was (almost) grabbed up.

Une grande gratitude le remplissait à l'égard de la couleur jaune.

Jaunes avaient été les après-midi chez ses grands-parents,

Jaune, son premier baiser

Jaune, un certain 19 juin

Jaunes, les mots légers et réfléchis de ses poèmes.

Much gratitude filled him regarding the color yellow.
Yellow, the afternoons at his grandparents'
Yellow, his first kiss
Yellow, a certain nineteenth of June
Yellow, the slight and reflexive words of his poems.

Il fit une expérience intérieure intense:
Celle de la multiplicité homogène.
Puis il reposa l'oignon sur la table.

He had an intense, inner experience:
That of homogenous multiplicity.
Then he placed the onion back on the table.

Son grand-père mourut dans un palace suisse.

Il était venu le voir et avait trouvé allongé sur le lit,

Baigné dans la lumière dorée de l'après-midi, un géant

Affable et dans la cuvette des toilettes, des excréments d'ange.

His grandfather died in a Swiss hotel.
He had come to visit him
There, stretched out on the bed,
Bathing in the golden light of an afternoon,
An affable giant
And in the lavatory, angelic excrements.

[R.O.]

from **Un oiseau sans nom**

1.

Une petite pluie jaune comme les enseignes,
L'air est doux.

Je reviens de la pharmacie
Parmi les belles jeunes filles des soirs de fête
Et leurs compagnons
Tout droit issus de la chevalerie.

La maison brille au coin de la rue
Mais pendant un moment,
Je me sens errant,
Sans attaches,
Un marin dans un port étranger.

2.

Pouchkine,
L'automne te conviendrait.
Nous parlerions de poésie
Sous les ormes du Luxembourg.

Dans l'azur ourlé de roux
Tu taillerais un sonnet

Et—pour qui?—
Tu cueillerais à la barbe des gardiens
Un dernier colchique.

from **Bird without a Name**

1.

A light rain yellow as shop signs,
The air is soft.

I'm coming back from the pharmacy
Among the lovely girls of festive evenings
And their escorts
Right out of a book of chivalry.

The house gleams on the street corner
But for a moment,
I feel errant,
Unattached,
A sailor in a foreign port.

2.

Pushkin,
Autumn became you.
We would discuss poetry
Beneath the elms of the Luxembourg Gardens.

You would cut out a sonnet
From the russet-hemmed azure

And—for whom?—
You would, under the park-attendants' noses, pick
A last autumn crocus.

3.

En ouvrant la fenêtre, il était près de minuit,
Cette auberge d'Ile-de-France m'a rappelé la maison de
   mon enfance.

Un cuistot était sorti de la cuisine pour fumer une cigarette
Et se délasser des ordres, du bruit incessant des ustensiles.
Lui aussi semblait perdu dans une contemplation.

L'oncle Isidore passerait bientôt la barrière
Et pincerait les fesses de mes soeurs,
Dans sa chambre,
Ménard peignait ses cheveux argentés avec délicatesse.

Puis la lune se leva,
Proche et brillante, comme les soirs
Où j'attendais tremblant devant le portail
Une petite fille aux yeux allongés
Du voisinage.

4.

Je pousse la porte d'un cinéma qui n'existe plus,
"Or-Guil," lumière et joie
Où à la troisième rangée,
Deux garçons venaient oublier
Leur morne adolescence.

Dans le hail marbré et vivement éclairé,
Les photos des acteurs à l'affiche
Souriaient,
Le kiosque vendait des pop-corn fades
Et des limonades.

3.

Opening the window, it was almost midnight,
This inn in the Ile-de-France reminded me of my childhood home.

A cook had come out of the kitchen to smoke a cigarette
And get away from orders, the clatter of kitchen utensils.
He, too, seemed lost in contemplation.

Soon Uncle Isidore would come through the gate
And pinch my sisters' bottoms,
In her room,
Ménard was carefully combing her silvered hair.

Then the moon rose,
Close and brilliant, like the evenings
When I waited, trembling, in front of the doorway
For a little girl with long eyes
Who lived in the neighborhood.

4.

I push open the door of a movie house that no longer exists,
Gold Palace, light and joy
Where in the third row
Two boys would come to forget
Their dreary adolescence.

In the marble-papered and bright-lit lobby
Photos of the actors in this week's film
Smiled,
The refreshment stand sold stale popcorn
And lemonade.

Un vieux gardien fouillait les sacs des dames
Et prononçait des sentences à l'emporte-pièce.
"Je suis là!" ai-je envie de lui crier
"Te souviens-tu de moi? Tu m'aimais bien, je crois"
Mais il ne me voit pas,
Dans la foule endimanchée d'il y a vingt ans
Affluant à la dernière séance.

5.

Dans le ciel pâle
Passent de fins nuages du nord vers le sud.

La lumière qui éclaire la chambre
Est celle d'un jardin,
Peut-être au bord de l'océan.

Ce jour (un dimanche paisible) a quelque chose d'exaltant
Et en même temps de fragile
Comme un espoir que l'on n'ose pas exprimer.

6.

C'est l'heure creuse pour les commerçants de la rue.

La boulangère se revoit fille de ferme
Dans la Beauce

La marchande de jouets
Pense à son père, le boucher.

Sur le pas de sa boutique,
L'épicier regrette son île
Où il a laisse femme et enfants

Qui ne l'attendent plus.

An old security guard went through women's purses
And pronounced well-turned maxims.
"I'm here!" I want to cry out
"Do you remember me? You liked me, I think."
But he doesn't see me
In the crowd of 20 years ago in its Sunday best
Rushing to the last show.

5.
In the pale sky
Thin clouds pass from north to south.

The light which illumines the bedroom
Is that of a garden,
Perhaps at the seaside.

This day (a peaceful Sunday) contains something thrilling
And at the same time fragile
Like a hope one doesn't dare pronounce.

6.

It's the slack hour for the shopkeepers in the street.

The baker's wife sees herself as a farm girl again
In the Beauce country

The man in the toy store
Thinks of his father, the butcher.

On the threshold of his shop,
The grocer misses his island
Where he left a wife and children

Who are no longer waiting for him.

7.

Trente ans à Bruxelles.
Nous avons marché longtemps
Avant d'arriver au restaurant
Où j'avais réservé une table de fête.

Mais le guide était daté.
Nous ne voulions pas dîner dans une salle vide.

Près de la place du marché,
Nous avons finalement trouvé une brasserie
Éclairée par de nombreux lustres,
Bruyante à souhait.

Le garçon nous a apporté des croquettes,
Nous avons fait tinter nos verres, je t'ai embrassée.

Sur le chemin de l'hôtel,
Un pressentiment nous a remplis de joie et d'un peu de tristesse.

8.

La tristesse est une gutturale
Ou la mouette solitaire qui volait autour de la place.

Le soir tombait
Sur les arbres effeuillés de l'hiver
Et les cris enfantins

Pourquoi cet instant nous déchira-t-il le coeur?

Nous avons glissé dans l'allée comme des ombres,
Silencieux,
Vers les premiers réverbères.

7.

Thirty years old in Brussels.
We had walked a long time
Before we reached the restaurant
Where I had reserved a festive table.

But the guide book was out of date.
We didn't want to dine in an empty room.

Near the market square,
We finally found a brasserie
Lit up by many chandeliers,
Noisy as we might wish.

The waiter brought us croquettes,
We clinked our glasses, I kissed you.

On the way to the hotel,
A premonition filled us with joy, and with a bit of sorrow.

8.

Sorrow is a guttural
Or the lone gull that flew around the square.

Night was falling
On the leafless winter trees
And the shouts of children.

Why did that instant rip our hearts?

We glided onto the path like shadows,
Silently,
Toward the first streetlights.

9.

Il avait dit : je vais tout reconstruire
La ville avec du sable
Le ciel avec un peu de bleu de Prusse
Les nerfs avec du fil à coudre

Il avait dit : le coeur ne mourra pas
Et le soir, des oiseaux sombres s'étaient échappés
Du brasier.

9.

He had said: I will rebuild everything
The city out of sand
The sky with a little Prussian blue
The nerves with darning thread

He had said: The heart will not die
And in the evening, dark birds had flown up
Out of the fire.

[M.H.]

Au coeur desséché

Au coeur desséché
Le coeur sec
On ne joue plus
Les tables sont recouvertes d'un film de poussière
Les volets fermés
On voit pourtant le lac
Par les interstices
On pense
Je l'ai toujours aimé
Surtout le côté suisse
J'ai pris le bateau de Montreux à Genève
Il longeait la promenade
Des palaces blancs aux mille chambres
Les mouettes nous regardaient
Et on sort.

Ici, des hommes ont perdu l'amour, leur avenir
La police opérait des descentes fréquentes
Le commissaire prenait plaisir à lire l'effroi dans les yeux
Des milliardaires
Et secrètement, à s'imaginer en smoking assis face à la roulette,
Des jetons rouges ou dorés empilés devant lui.
"Rien ne va plus"—cette expression l'enchantait. Il était du Nord
Humide, un patelin près de la frontière belge.
Le dimanche, son père l'emmenait
Acheter de la bière de L'autre côté
Quand il avait exagéré,
Ils revenaient par la forêt, leurs chaussures
Enfonçant la boue continuelle.

Bientôt, j'arriverai au poste de douane
Et je me souviendrai de l'époque où nous passions plu-
    sieurs fois par jour

To a Parched Heart

To a parched heart
with a hard heart
The game is over
The tables are coated with a film of dust
The blinds are shut
The lake, all the same,
can be seen through the glass.
Thinking
I have always liked this
Especially the Swiss side
I took the boat from Montreux to Geneva
It went beside the promenade
Grand hotels with a thousand rooms
The gulls were looking at us
And then leaving.

Here, men have lost love, their future
The police made frequent raids
The superintendent enjoyed reading dread in the eyes of
    billionaires
And secretely in seeing himself in a tuxedo
    in front of the roulette wheel,
Red and gold chips piled up before him.
"Rien ne va plus"—this expression enchanted him.
He was from the North
Damp, a small place near the Belgian border.
On Sundays, his father took him
To buy beer on the other side
When he'd had one too many,
They returned through the forest, their shoes
sinking into the perpetual mud.

Soon, I will get to the customs post

D'un pays à l'autre
Nous arrêtant devant les uniformes bleus et les uniformes gris.
Sur un mur, dans une ruelle, quelqu'un avait tracé "No future,"
Là comme ailleurs en Europe.
Je serai dans les temps
Rilke.

Ou bien un autre jeu:
Une pierre
Du papier
Des ciseaux
Une main derrière le dos
On comptait jusqu'à trois
Et on tendait brusquement le bras.
Si les ciseaux rencontraient le papier
Ils gagnaient
S'ils rencontraient la pierre
Ils perdaient.
C'était logique et beau
Simple
La loi du plus fort.

Les filles se montraient meilleures que les garçons
Elles étaient fines et légères dans leurs robes de préadolescentes
Les cheveux répandus sur les épaules.
Hedva Priman, Tamar Kleiman—je les aimais
Avec toute l'ardeur d'un adulte
Souhaitant les posséder
Ou au moins apercevoir leur petite culotte.
Les Français étaient haïs
A cause de l'embargo sur les armes
On se moquait du nez de de Gaulle
Je recevais des morceaux de roche rose sur la tête
Et pleurais, au bord des fontaines taries de Jérusalem,
Le boulevard Arago

And I will remember the time when we made several
crossings a day. From one country to the next
Stopping in front of blue uniforms and grey uniforms.
On a wall, in a side street, someone had scribbled "No future,"
There as elsewhere in Europe.
I shall be on time
Rilke.

Or else another game
A stone
some paper
scissors.
One hand behind the back
We counted to three
and quickly stretched out our arm
If the scissors ran into the paper
they won.
If they hit the stone
they lost.
It was logical and beautiful
Simple
Might is right.

The girls displayed themselves better than the boys
Slender and light in their pre-teen dresses,
Their hair spread out on their shoulders.
Hedva Priman, Tamar Kleiman—I loved them
With all the ardour of an adult
Waiting to possess them
Or at least have a glimpse of their panties.
The French were hated
Because of an arms embargo
People laughed at de Gaulle's nose
I was hit on the head by pieces of pink rock.
And cried by the dried-out fountains of Jerusalem
The Boulevard Arago

Cachan
Antibes
Habitué aux tilleuls et aux saules'
Pas à la dureté grise des pins.

A Zurich
Je retrouve Karl
En culottes courtes
(Bien qu'il ait dépassé la quarantaine)
Et sa propre enfance maudite.
Son père rescapé des camps d'extermination,
Sa mère maîtresse d'un officier russe.
Il entretient une liaison avec une femme
Qui a un autre amant.
Karl la pénètre la semaine
Son rival le week-end.
Il souffre et cette souffrance
L'éclaire
Il se revoit en train de têter
Sa mère portait sur le sein
Un entonnoir en métal
Avec une boule en caoutchouc
Elle avait peur qu'il la morde
Elle avait honte
Il lui en voulait
Et détestait le goût altéré
Du lait.
Dans les fauteuils de l'hôtel Dolder
On peut s'abandonner aux tourbillons du passé lointain.
L'un parle sans discontinuer, l'autre écoute
D'une oreille distraite.
Bientôt tombera la nuit
Et la déesse des jardins, la déesse de l'eau
Sortiront s'ébattre et danser sous les rayons
De la lune orange.

Cachan

Antibes

Accustomed to lime trees and willows

not to the grey hardness of pines.

In Zurich

I meet up with Karl in short pants

(Although he's over forty)

And his own cursed boyhood

his father a survivor of the extermination camps

his mother the mistress of a Russian officer.

He keeps up an affair with a woman

who has another lover.

Karl penetrates her on weekdays

His rival on Saturdays and Sundays

He suffers and yet this suffering

enlightens him.

He sees himself suckling.

His mother bore on her breast

a metal funnel with a rubber ball

She was scared he would bite her

she was ashamed

He disliked her for it

and detested the adulterated taste of milk.

In the armchairs of the Dolder Hotel

You can sink into the eddies of the distant past

One man speaks without a break, the other listens distractedly

soon night will fall

And the goddess of the gardens and the goddess of water

will come out and frolick under the rays

of the orange moon.

Nuit qui favorise les cauchemars et les accouplements,
Nuit qui vit la mort des premiers-nés d'Egypte,
Nuit du sacrifice pascal,
Nuit de l'exode,
Nuit de la vengeance,
Nuit où le malade renonce à la lutte
Contre son corps,
Nuit où son âme est arrachée,
Nuit où les surveillants épient le dernier souffle,
Nuit de Sens
Nuit de Tel-Hashomer
Nuit qui étouffe un premier baiser
Du premier amour,
Nuit où la main remonte vers le sexe inconnu
Sur un banc de square,
Nuit de l'attente à Gethsémané,
Nuit des grumeaux de sang,
Nuit du reniement,
Nuit du rêve de Jacob,
Nuit des rêves de Pharaon,
Nuit de l'insomnie d'Assuérus,
Nuit de Saul à Ein-Dor,
Nuit de l'exil,
Nuit qui ne sera plus appelée nuit.

Nous étions cachés chez des paysans
Quelques pièces d'or avaient suffi à fléchir leur coeur.
Les vieux marmonnaient des prières auxquelles nous n'entendions
    rien—
Il fallait faire attention à ne pas asphyxier les enfants quand on les
    empêchait
De crier.
Nuit où on tremblait comme des brins d'herbe,
Nuit où l'aube était attendue avec ferveur,
Nuit qui aurait pu être la dernière,

Night which favors couplings and bad dreams
Night which saw the death of Egypt's first born
Night of the Easter sacrifice
Night of exodus
Night of vengeance
Night when the sick man gives up the struggle
Against his body
Night when his soul is snatched away
Night when the nurses observe the last breath
Night of Sens
Night of Tel-Hashomer
Night which stifles a first kiss
of first love
Night when the hand rises towards the unkown sex of woman
On a bench in a square,
Night of waiting at Gethsemane
Night of blood clots
Night of denial
Night of Jacob's dream
Night of Pharaoh's dreams
Night of the insomnia of Assuerus
Night of Saul at Ein-Dor
Night of exile
Night that shall no more be called night.

We were being hidden by peasants
Some gold coins sufficed to sway their hearts
The old ones muttered prayers we could not understand
We took care not to asphyxiate
the children when we stopped them
From crying.
Night when we trembled like blades of grass
Night when dawn was keenly awaited
Night that could have been the last

Nuit du désespoir,
Nuit de la fin sombre d'un peuple.
Le Deutéronome
Craché verset après verset
Comme des pépites.

Tu n'as pas connu ce bois,
Les villageois l'appelaient "La Sapinière"
Et y venaient célébrer des fêtes païennes.
Ils peignaient alors les troncs en rouge
Et dansaient devant des brasiers
Où se consumaient des mannequins sans visage.
Du balcon,
Il semblait à portée de main
Mais dix minutes de marche étaient nécessaires
Pour l'atteindre.
On le disait hanté depuis la guerre.
Tapis dans les fourrés,
On guettait les ombres,
Un craquement de branches
Et fiers, tremblants, on rentrait ventre à terre
Racontant qu'on avait entendu les morts.
Le paon de jour me regardait de ses yeux irisés
Et parfois le paon de nuit
Si un silène s'échappait d'un buisson
On y voyait un mauvais présage
Mais personne n'osait déranger le machaon
Qui arborait ses couleurs comme un blason
De haute noblesse.
Voici qu'arrivait l'été,
L'odeur qu'il exhalait piquait les yeux,
Irritait le nez
Maman éternuait en riant.
Les premières pluies lui faisaient prendre l'aspect
D'une ville détruite,

Night of despair
Night of the somber end of a people
Deuteronomy
Spat out verse after verse
like pips.

You did not know this wood
The villagers called it "The Fir Grove"
And came there for their pagan rites
They painted the trunks red
And danced in front of braziers
Where faceless dummies were consumed.
From the balcony
It seemed within hand's reach
But it took ten minutes to walk there.
It was said to be haunted since the war
Crouching in the bushes
We were on the lookout for ghosts
The cracking of branches
And proud, trembling, we crawled back hastily
Saying that we had heard the dead.
The day peacock stared at me with iridescent eyes
And sometimes the night peacock.
If a hawkshead escaped from the thicket
We saw an unlucky sign
But nobody dared disturb the swallowtail
Which sported its colors like an emblem
of high nobility.
And now summer came upon us
The scent it exhaled stung the eyes
Irritated our noses
Mummy sneezed and laughed
The first rains made it look like
a destroyed city.

Squelettes de maisons
Lambeaux
Un silence tendant l'air à le rompre.
Dans la neige bleue de février,
Je creusais des terriers pour mes soldats en zinc
Mes voitures, ma basse-cour. Au-dessus de chacun, je plantais un drapeau
Confectionné avec une allumette
Et un minuscule carré de tissu.

Un enfant lance un bateau en papier
Sur un ruisseau
A l'heure du crépuscule
Quand sonne une cloche lointaine.
Le courant est fort
L'eau reflète les branches
Et des oiseaux qui passent à cet instant
Dans le ciel
En route vers le sud.
Il a une espérance secrète:
Que l'embarcation arrive jusqu'à la rivière
Qui coule derrière la fûtaie
Et sur laquelle flottent des barques de pêcheurs
Et même, de temps en temps,
Une péniche.
Sous la coque, il a attaché un petit sachet de gravier
Pour l'assiette.
Mais il a plu toute la matinée et après quelques mètres
Le ruisseau s'élargit en une grande flaque.
On dirait une feuille d'argent
Sur laquelle les derniers rayons du soleil
Posent des fils d'or.
Au lieu d'avancer droit,
Le bateau tournoie et s'enfonce
Sous le poids de la vase

Skeletons of houses
Shreds
A silence stretching the air to breaking point
In the blue snow of February.
I dug burrows for my tin soldiers
My cars, my farmyard. Above each one I stuck a flag
made with a matchstick
And a tiny patch of cloth.

A child launches a paper boat
on a stream
at sunset
When a distant bell peals
The current is strong
And birds fly over at that moment
heading south.
He has a secret hope. That the vessel should reach the river
which flows behind the wood.
And where fishermen's boats are floating
And even, from time to time,
a barge.
Under the hull, he has fastened a small bag of gravel
To keep it steady.
But it has rained all morning and
a few yards further down
the stream has widened out into a large pool.
It looks like a sheet of silver
On which the last rays of the sun
have placed threads of gold.
Instead of sailing straight
The boat whirls round and sinks

Qui l'a envahi.
L'enfant remonte lentement l'allée
Vers la lumière maternelle
Et la consolation.

under the weight of mud that has entered it.
The child slowly walks up the path
towards motherly light
and consolation.

[R.O.]

From **The Present**

(1999)

Brume du soir

Des années avaient passé,
Elle monta soudain sur la pelouse, vêtue d'une robe rouge,
À peine vieillie,
Son amant l'enlaçait d'un air grave,
Conscient peut-être qu'elle lui échappait,
Ne lui appartiendrait jamais,
Pourtant, il avait les traits d'un homme qui comprend
    les femmes,
Qui sait les faire jouir
Sans pour cela s'en vanter,
Un sauteur généreux,
Probablement divorcé,
Ils marchaient vers le soir rose, mauve, gris
Mais surtout resplendissant d'une lumière triste et majestueuse
Qui donnait envie de s'élever dans les airs
Comme des saints ou les pigeons nourris un peu plus loin par une
    petite fille,
Lui, attentif aux paroles qu'elle prononçait,
Elle, honteuse d'avoir croisé mon regard
Qui l'avait fixée, pour la dernière fois, en compagnie de son mari,
Dans quelles circonstances, je ne m'en souvenais guère,
Un mariage, une fête religieuse
Ou chez des amis communs tout simplement,
Il la tenait également ainsi, une main autour des épaules,
Tandis qu'elle fourrageait dans ses cheveux blond-roux
D'un air mutin et affectueux;
En apprenant la nouvelle de sa mort,
J'envoyai une carte et les oubliai tous les deux,
Malgré des liens anciens, une quasi-parenté—
Puis elle s'éloigna lentement,
Me faisant l'effet de quitter un bateau,
Tandis que la brume se refermait sur elle.

Evening Mist

Years had passed,
Suddenly she stepped onto the lawn, in a red dress,
She had hardly aged,
Her lover, serious, wrapped himself around her,
Perhaps aware that she was escaping,
Would never belong to him,
Even though he looked like a man who understood women,
Knew how to make them happy
Without boasting about it,
A generous philanderer,
Probably divorced,
They walked toward the evening—pink, mauve, grey
But shining, above all, with a sad majestic light
That made one want to rise in the air
Like a saint or the pigeons a girl fed a little further on,
He, hanging on each word she spoke,
She, ashamed to have caught my gaze,
Whom last I saw in the company of her husband,
In what circumstances I hardly remember,
A wedding, a holy day
Or simply with mutual friends,
He held her just like this, an arm around her shoulders,
While she ruffled his red-blond hair
With an affectionate, rebellious gesture;
Learning of his death,
I sent a card and forgot them both,
Despite old ties, almost family ties—
Then she slowly moved away,
As if she was stepping off a boat,
While the mist closed around her.

[A.J.]

En 1965 ou 66
            au Collège Sévigné
on n'aimait pas les juifs
                    mais moi j'aimais Bianca
la fille du vétérinaire
                aussi catholique
                        que j'étais juif
je la serrais fort
            avant de m'endormir
une enfant-succube
                qui m'ôtait le boire et le manger
personne n'y comprenait goutte
                    on me croyait malade
et de fait
        j'étais malade
à ceci près que
                comme dans les contes d'autrefois
aucune potion
            aucun médecin
                    ne pouvait rien pour moi.

In 1965 or '66
                at the College Sevigné
they didn't like Jews
                        but I liked Bianca
the vet's daughter
                as Catholic
                        as I was Jewish
I held her tight
                before I fell asleep
a succubus-child
                who stopped me eating and drinking
no one understood at all
                        they thought I was ill
and in fact
        I was ill
in so much as
                in tales of old
no potion
        no doctor
                could do a thing for me.

                                        [A.J.]

Poèmes danois

Je voudrais être Danois
vivre dans la lumière danoise
voir de ma fenêtre une prairie danoise
où paissent des vaches danoises
une rivière danoise
et au loin un moulin danois.

L'hiver, la neige philosophique danoise
crépiterait sous mes semelles
et 1'été, des mouches danoises
mettraient leur gros point final
à mes poèmes danois.

Danish Poems

I'd like to be Danish
live in Danish light
see from my window a Danish field
where Danish cows are grazing
a Danish river
and in the distance a Danish windmill.

In winter, the philosophical Danish snow
would crackle under my feet
and in summer, Danish flies
would put a fat full stop
to my Danish poems.

[A.J.]

From **Last News
of Mr. Nobody**

(2003)

Peinture d'hiver

On a entendu à Rama
des pleurs et de grandes lamentations
cantate BWV 115
Denn die Zeit ist nichi weit,
Da uns Gott wird richten
Und die Welt vernichten
L'homme vêtu de noir
au milieu des cavaliers en armure
avec leur haie de lances
cet axe vertical terrible et en même temps
dérisoire
en regard du ciel
des frondaisons
des toits enneigés
village de toujours
on tend l'oreille en vain
et pourtant
combien de gémissements de pleurs
de cris
éternels
l'heure n'est pas à la pitié
aux tractations pécuniaires
pour les enfants de deux ans et moins
Wache, fleh und bete
parmi les tonneaux et les grumes
sur les mares gelées
parmi les charrettes disloquées
parmi les chiens
parmi les chevaux
sous les enseignes
—pain et vin—
parmi la soldatesque en furie
sous le ciel du châtiment

Winter Landscape

Sobbing and great lamentation
were heard at Rama
Cantata BWV 115
Denn die Zeit ist nicht welt,
Da uns Gott wird richten
Und die Welt vernichten
The black-clad man
surrounded by knights in armor
with their hedge of lances
that vertical axis at once dreadful and
derisory
facing the sky
foliage
snow-covered roofs
timeless village
one tried to hear in vain
and yet
how many groans and sobs
eternal
cries
It was no time for pity
for pecuniary negotiations
regarding children two years old or less
Wache, fleh und bete
among the logs and barrels
on the frozen ponds
among the dismembered carts
among the dogs
among the horses
beneath the shop signs
—bread and wine—
among the enraged soldiery
beneath the sky of punishment

sous les arbres nus
(on se dit : pourront-ils jamais feuiller
                              fleurir
                              à nouveau?)
sous les pignons en pas de moineau
parmi les épées et les coutelas
Wirst du die Hilfe nie erblicken
parmi les bourreaux les innocents
et même des spectateurs
les mains croisées derrière le dos
qui devisent paisiblement
au fond à droite
en retrait devant une chaumière
que diable font-ils là?
Le vieil avocat berlinois
qui ne quittait pas son fauteuil dans la misérable pension
du Heerengracht
l'avait compris
répétant inlassablement
Die ganze Welt und ihre Glieder
Sind nichts ais falsche Brüder
qui reste en selle
et qui occit
qui observe qui implore
qui bande
des brindilles et des trouées de terre bleue
déchirent plus encore le coeur
les jeux des deux lévriers
déchirent plus encore le coeur
où sont partis les corbeaux
fidèles compagnons
de ces hivers paysans?
leur absence
déchire plus encore
il n'y a

beneath the naked trees
(one wondered: will they ever be able to come into leaf

                                 to flower
                                 again?)

beneath the sparrow-foot gables
among the swords and cutlasses
Wirst du Hilfe nie erblicken
among the executioners the innocents
and even spectators
their hands behind their backs
chatting peacefully
to the rear, at the right
in front of a thatched cottage
what the devil are they doing there?
The old lawyer from Berlin
who did not leave his armchair in the wretched furnished room
in the Heerengracht
had understood it
repeating tirelessly
Die ganze Well und ihre Glieder
Sind nichts als falsche Brüder
who stays in the saddle
and who slays
who observes who implores
who draws a bow gets a hard-on
twigs and gaps of blue earth
rend the heart even more
the games of two greyhounds
rend the heart even more
where have the crows gone
faithful companions
of these wintry peasants?
their absence
rends even more
without and

dehors
et
dedans
que des lambeaux
rien ne peut
l'arrter.

within
there are only
tatters
nothing can
stop it.

[M.H.]

Entre les tombes, il y avait du fusain et des petits cyprès. Les dalles étaient en pierre calcaire et les inscriptions gravées dessus brillaient d'un beau noir. Parfois, une stèle de marbre sombre faisait contraste avec la lame, blanche comme la lumière.

La terre sablonneuse tirait sur le rouge et au beau milieu d'une division monotone la cascade d'un bougainvillier pouvait surgir brusquement. Avant la cérémonie, Libertad nous avait conduits auprès de sa mère à qui elle avait dit : "Je suis là avec Joyce et son mari dont tu n'as jamais su prononcer le nom" et nous avions pleuré. Personne ne s'était avisé d'emporter des mouchoirs alors, tendant la peau de ses pommettes, Joyce m'avait demandé: "Tu crois qu'on remarquera quelque chose?"

(*Kiryat Shaul*)

Between the graves, there were spindle-trees and small cypresses. The tombs were of limestone and the inscriptions carved on them glistened a lovely black. Here and there, a dark marble stele contrasted with the shaft, white as light.

The sandy earth tended toward red, and right in the middle of an undistinguished section a bougainvillea's waterfall might suddenly surge up. Before the ceremony, Libertad had taken us over to her mother, to whom she said, "I'm here with Joyce and her husband whose name you've never been able to pronounce," and we wept. No one had thought to bring handkerchiefs so, smoothing out the skin of her cheekbones, Joyce had said to me, "Do you think anyone will notice?"

(Kiryat Shaul)

[M.H.]

Nuit, jour

La nuit, quand tout le monde dormait, il se plantait devant l'une des fenêtres du salon et regardait les lumières de la ville. Il aimait particulièrement les clignotants rouges au sommet des grues, qui semblaient appartenir plus à l'espace illimité qu'aux immeubles et aux rues à leurs pieds. Le flot continu de la circulation faisait un serpent et des cristaux de glace entouraient les lampadaires sur la colline mais cela et les petits carrés encore éclairés des façades ne comptaient pour rien à côté de ces feux qui envoyaient des signaux réguliers dans le ciel déserté par les avions du soir au matin.

Night, Day

At night, while everyone was sleeping, he stood in front of one of the living-room windows and watched the lights of the city. He particularly liked the blinking red lights atop cranes, which seemed to belong more to limitless space than to the buildings and the streets at their feet. The ongoing flow of traffic became a serpent and ice crystals surrounded the streetlights on the hill, but that and the still-lighted little squares on building facades were nothing beside those fires which sent regular signals into the sky deserted by airplanes from dusk till dawn.

[M.H.]

Le marché à la viande

Les bons souvenirs, c'était l'entrée par la porte monumentale sur-
montée d'un verset du coran et le village grec, l'église bondée de
pèlerins qui se signaient et s'aspergeaient d'eau bénite sous les
encensoirs de cuivre terni suspendus aux plafonds voûtés, le petit
café aussi, où un couple italien avait marchandé des glaces à l'eau,
on en avait ri avec le patron puis, dans les ruelles en pente, encore
longtemps entre nous, et les mauvais, l'odeur douceâtre de la viande
gâtée, les entrailles de moutons sur les crochets, oesophage, estomac
et rognons attachés, les rigoles de sang sur les pavés, ces flaques
vermillon, pourpres, roses qu'on ne pouvait pas enjamber, dans
lesquelles il avait fallu marcher et après, les semelles laissaient des
marques dégoûtantes, même à la maison, si bien qu'on avait dû jeter
les sandales, quatre paires, deux d'adultes et deux d'enfants, achetées
pour le voyage.

The Meat Market

The good memories: going in through the monumental door crowned with a verse from the Koran and the Greek village, the church filled up with pilgrims crossing themselves and sprinkling themselves with holy water under the tarnished copper censers hung from the vaulted ceilings, also the little café where an Italian couple had bargained over their water ices, and where we had laughed with the proprietor, and then, on the steep streets, for a long time among ourselves, and the bad: the sweetish odor of spoiled meat, the sheep intestines hung on hooks, esophagus, stomach and kidneys attached, the rivulets of blood on the pavingstones, those vermilion, purple, pink puddles that we couldn't step over, through which we had to walk and afterwards, our soles leaving disgusting tracks, even in the house, so that we had to throw out our sandals, four pairs, two adults' and two children's, bought for the trip.

[M.H.]

À la jument d'autrefois

Pour Ori et April

Les nuits d'août étaient si chaudes et moites que personne ne pensait à se coucher. Lucca arrivait sur le coup de onze heures au volant de la voiture de son père et nous filions vers les plages du secteur arabe. En chemin, nous faisions immanquablement une halte devant l'enclos d'une belle jument grise pommelée de noir dont la tête remuait sans cesse de côté et d'autre pour chasser les moucherons. Elle était la dernière du quartier. Celui-ci, jadis résidentiel, peuplé de femmes élégantes et de cavaliers accomplis, avait sombré dans une misère extrême. Il était difficile de reconnaître les villas construites par des architectes de Londres et de Berlin dans les bâtisses galeuses qu'entouraient des gravats, des enchevêtrement de tôle tordue et des détritus. Mais la jument avait échappé à tout ça, exode, honte, déchéance. Elle représentait à nos yeux ce monde révolu, bien plus beau, plus noble que le nôtre, et nous restions de longs moments, muets, à la contempler dans l'obscurité.

To the Mare of Bygone Days

For Ori and April

The August nights were so hot and humid that no one thought of going to bed. Lucca would arrive at the stroke of eleven at the wheel of his father's car and we'd tool towards the beaches of the Arab district. On the way, we would inevitably stop before the enclosure of a beautiful mare, gray dappled with black, whose head shook unceasingly from side to side to chase away the gnats. She was the last one in the neighborhood. Once residential, inhabited by elegant women and accomplished horsemen, it had foundered into extreme poverty. It was hard to recognize the villas built by architects from London and Berlin in the squalid wrecks surrounded by rubble, a twisted mass of sheet metal and detritus. But the mare had escaped from all that, exodus, shame, degradation. She represented to our eyes this bygone world, so much more handsome and noble than our own, and we stayed for long minutes, silent, watching her in the darkness.

[M.H.]

Cet après-midi-là

En quittant le tribunal, le froid et la fatigue l'engourdirent d'un coup. Des petits flocons de neige mêlés de pluie tombaient maintenant et instinctivement, elle lui prit le bras. Elle le regarda, hâlé par le soleil des tropiques, et se rappela les vacances qu'ils avaient passées deux années plus tôt dans le chalet au bord du lac. Ce souvenir la fit sourire et elle lui demanda s'il voulait aller boire quelque chose. Il consulta son bracelet-montre et lui dit d'un air embêté que Lydia l'attendait depuis un bon moment déjà. Elle connaissait par coeur cette expression, celle des subterfuges, des dérobades, des mensonges. Dans la rue, il l'embrassa hâtivement et se mit à courir. "Autant pour la liberté," pensa-t-elle alors qu'il tournait l'angle du quai. Elle traversa et poussa la porte du café plein de lumière et d'une agréable vapeur. Juste avant que le battant se referme, elle crut l'entendre qui l'appelait. Pendant un instant, elle hésita, puis elle entra dans la salle.

That Afternoon

Leaving the courthouse, cold and fatigue numbed her all at once. Little flakes of snow mixed with rain were falling now, and instinctively she took his arm. She looked at him, tanned by the tropical sun, and remembered the holidays they had spent two years earlier in the lakeside chalet. The memory made her smile and she asked him if he wanted to stop for a drink. He looked at his wristwatch and said to her with an air of annoyance that Lydia had been waiting for him for quite a while already. She knew that look of his by heart, the look of subterfuges, evasions, lies. In the street, he gave her a hasty kiss and ran off. "So much for freedom," she thought as he turned the corner of the quay. She crossed the street and pushed open the door of the café, full of light and an agreeable smokiness. Just before the door swung shut, she thought she heard him calling her. For an instant, she hesitated, then went into the room.

[M.H.]

L'auberge

Un peu de vin
sur cette plaie profonde
qui naît avec le soir
quand dehors les voitures cornent
et les passants rient
s'interpellent
animés part une gaieté
incompréhénsible à celui
qui les observe derrière les persiennes.

Il songe, soudain distrait,
à cette femme rencontrée deux jours plus tôt
et murmure son nom limpide
pour l'entendre se déployer dans la chambre.

La souffrance provient d'ailleurs,
qu'importe si elle se réfléchit
dans chaque mot
il a appris un certain nombre de choses,
l'âge aidant,
notamment qu'il faut aimer
qui nous accompagne, nous précède
et nous attend,
assis à l'auberge nocturne.

The Inn

A little wine
on this deep wound
that opens in the evening
when outside the cars honk
and passersby laugh
shouting to one another
animated by a gaiety
incomprehensible to the one
who watches from behind the shutters.

He daydreams, suddenly absentminded,
of that woman he met two days before
and murmurs her limpid name
to hear it spread through the bedroom.

Suffering comes from elsewhere,
what matter if it is reflected
in each word
he has learned a certain number of
things,
helped by aging,
noteably that it's necessary to love
who's with us, who goes before
and awaits us,
seated at the nocturnal inn.

[C.K.W.]

il connaissait chaque centimètre carré
de sa cellule
et parfois c'était comme
s'il l'avait absorbée
et qu'elle coulait
dans son sang

he knew each square centimeter
of his cell
and sometimes it was as though
he'd absorbed it
that it ran
through his veins

[C.K.W.]

il était le seul occupant
de la prison
qui avait des allures
de maison de campagne
peut-être parce que située
en bordure de forêt

he was the only occupant
of the prison
which looked like
a house in the country
perhaps because of its situation
at the forest's edge

[C.K.W.]

l'hiver
il guettait par la meurtrière
qui lui tenait lieu de fenêtre
l'apparition des nuages de neige

in the winter
he peered through the slit
which had to make do instead of a
window
the apparition of snow-clouds

[C.K.W.]

car la neige était sa seule consolation

because snow was his sole consolation

[C.K.W.]

because snow was his sole consolation

[C.K.W.]

because snow was his sole consolation

[C.K.W.]

because snow was his sole consolation

[C.K.W.]

because snow was his sole consolation

[C.K.W.]

139

Dernières nouvelles de Monsieur Néant

Excusez-moi si je ne vous écris pas plus souvent
mais mon mari traverse en ce moment
une crise de caractère aigu
dont je tiens le journal minutieux
pour la postérité.

Last News of Mr. Nobody

Excuse me for not writing more often
but my husband is going at this moment
through an especially acute crisis
of which I am keeping a meticulous record
for posterity.

[C.K.W.]

llumination

Pattes de mouches. Pattes mates de mouches Echec et mat
à ses pattes de mouche.

*

"Alors, l'illumination, c'est pour quand?" lui demande le
garçon en passant son torchon sur le plateau de la table en
formica jaune.

*

Dans son rêve de la veille (ou de la semaine précédente, de
l'année passée), il discute avec son beau-père en haut d'un
gratte-ciel. "Il est écrit," lui dit celui-ci, "tu aimerais ton
lointain comme toi-même."

*

Il ne quittait plus son île. Le matin, il rassemblait ses
papiers épars, tâche vaine, et l'après-midi, il sortait de la
maison pour observer les martins-pêcheurs.

*

Pourquoi cette débâcle? Pourquoi l'immanquable retour
des merles dans les jardins mouillés de brume à l'aurore?

*

"Alors, la macération, elle vient?" demande-t-il au garçon
qui se peigne dans la glace au-dessus des bouteilles de
Cinzano.

Enlightenment (Illumination)

Spiderscrawl. Dull spiderscrawl. Decline and fall of his spiderscrawl.

*

"So, the enlightenment, when will it arrive?" the waiter asks him, passing a tea towel over the yellow formica tabletop.

*

In his dream of the day before (or the week before, or last year), he is talking with his father-in-law on top of a skyscraper. "It is written," his father-in-law tells him, "that you will love your distance as yourself."

*

He no longer left his island. In the morning, he would gather his scattered papers, a vain task, and in the afternoon, he would leave the house to watch the kingfishers.

*

Why this capitulation? Why do the blackbirds inevitably come back to the gardens soaked by fog at dawn?

*

"So, the maceration, is it coming?" he asks the waiter, who is combing his hair in the mirror above the bottles of Cinzano.

[A.J.]

Les lanternes rouges

le chevalier Phébus s'en alla sans savoir quand il reviendrait ni même
s'il reviendrait alors que la neige commençait à tomber il arriva dans
un village où des lanternes rouges pendaient au-dessus des portes il
constata bientôt qu'il n'y avait âme qui vive bien qu'ici mijotait un
ragoût et que là brûlait un agréable feu de cheminée l'absence de tout
élément de désordre excluant tant l'hypothèse d'une fuite précipitée
que celle d'une évacuation sous la contrainte il en vint à se demander
si les habitants ne s'étaient pas purement et simplement volatilisés

The Red Lanterns

Phoebus the knight went away without knowing when he would return or even if he would return when snow started to fall he arrived in a village where red lanterns hung above the doors he quickly saw that there was not a soul there although a ragout was cooking slowly and a good fire burned in the chimney the absence of any disorder excluded the assumption of flight such as an evacuation given all that he had to wonder whether the people had not purely and simply vaporized

[K.H.]

Autoportraits

à l'enfant qui regarde l'objectif avec de grands yeux
tout en tenant la taille d'une petite fille disgracieuse
dans une salle de bal
je n'ai pas particulièrement envie d'adresser la parole
tout au plus je me contenterais de caresser ses cheveux
et de tirer sur les pans de sa veste un peu froissée
peut-être aussi que je saisirais un des ballons flottant au plafond
pour le lui donner
en revanche j'ai tant à dire à l'homme assis en pleine nuit
à la table de sa cuisine
un livre ouvert devant lui sur lequel il se penche de temps à autre
de quoi s'agit-il au juste? sans doute de la poésie
ou un philosophe
que comme lui j'ai une passion pour les agrumes
surtout les clémentines
que j'oublie le nom des fleurs dès que je les apprends
que le bruit des avions dans le crépuscule
m'apporte la paix
quant au vieillard couché qui respire avec peine
les paupières baissées
je ne peux que me tenir immobile à ses côtés
et voir la ligne de ses aïeux
émerger lentement de la pénombre

Self-Portraits

to the child who's looking hard with big eyes
at the small ungainly girl in a ballroom
I've nothing particular to say
at most I would like to stroke her hair
and tug at the sides of her jacket that's a little rumpled
perhaps too I'd seize one of the balloons bumping on the ceiling
and hand it to her
on the other hand I have so much to say to the man sitting late at
    night
at his kitchen table
with a book open in front of him over which he leans now and
    then
whose concern is that? poetry's, no doubt,
or a philosopher's
like him I have a passion for citrus fruits
especially clementines
I forget the name of flowers as soon as I learn them
and the noise of planes in the twilight
brings me some peace
and as for the old man asleep breathing hard
his eyelids closed
I can only be completely still at his side
and see the line of his forebears
emerging slowly from the half-light

[K.H.]

Des passions et des lions

j'ai une vieille passion pour les soirs écossais
une des mes amies aime les perroquets de compagnie
je voudrais lui souhaiter bonne nuit en lui chantant
une berceuse
puis me coucher sur elle
à l'ombre d'une muraille romaine
j'ai cueilli quelques pâquerettes
j'étais jeune à l'époque
l'une d'elle s'est échappée
d'un livre aux pages jaunies
elle m'a rappelé des cloches qui sonnaient
dans un village aux volets fermés
où un chien errait par les ruelles
aussi triste que moi
j'ai revu un visage qui m'était tellement cher
que je pouvais le regarder pendant des heures
passer de l'ombre à la lumière et de la lumière à l'ombre
assis sur un banc de berge
le courant monotone m'endort
et je rêve d'un lion étendu près de moi
me flairant la nuque
ainsi que le faisait cette autre femme
où est-elle maintenant?
elle avait au ventre
une cicatrice belle et profonde
comme un éclair
mon doigt en suivait le tracé
et les yeux mi-clos elle attendait que je ta reprenne
car notre temps était compté

Passions and Lions

I have an old passion for peeled evenings
one of my girlfriends loved parrots for company
I wanted to say good night by singing
a lullaby
then go to sleep myself
in the shadow of a Roman wall
I've picked some daisies
I was young back then
one of them escaped from a book
with yellow pages
it recalled bells that tolled
in a village with closed shutters
a dog was wandering through lanes
sad like me
I examined his face it was so endearing
I could look at it
from evening to morning and from morning to evening
just sitting on a bench by a river
the steady current put me to sleep
and I dreamed of a lion stretched out close to me
smelling my neck just as she did
where is she now?
on her belly there was a scar
as beautiful and deep
as a flash of lightning
I'd trace it with my finger
and with eyes half closed she'd wait until I got over it
because our time was done

[K.H.]